커리어 액티비티 45

Career Development Advisor Series

KB087783

활동지 #1. Career Lifeline (진로결정에 미친 주요 영향들)

활동지 #1. 커리어상담 사례 분석 양식
(Career Counseling Case Worksheet)

1. 사례의 인물에게 '커리어의 의미'는 무엇인가?
   또한 이 사람과 동일한 발달단계(developmental life-stage)에 있는 사람들에게 '커리어의 의미'는 무엇인가?

2. 사례의 인물이 갖고 있는 '커리어 이슈'는 무엇인가?

3. 사례의 인물에게 '커리어 상담자의 역할'은 무엇인가?

4. 당신이 커리어 상담자라면 이 사례를 어떻게 진행하겠는가?
   이 사례의 인물에게 당신은 어떠한 상담전략이나 기법을 활용할 것인가?

5. 이 사례의 인물과 함께 작업할 때 당신이 생각하는 상담결과는 무엇이 되는 것이 효과적이라고 생각하는가?

※ Judith D. Emmett, EdD.

활동지 #1. 커리어 플라워(A3 용지)

※ 활동지는 중앙에 직경 8cm의 가장 큰 원을 중심으로, 네 방향으로 중간 크기의 원(직경 5cm) 4개가 붙어 있고, 다시 중간 크기의 원 주변으로 각각 다섯 개(총 20개)의 작은 원(직경 3cm)을 배치된 그림.

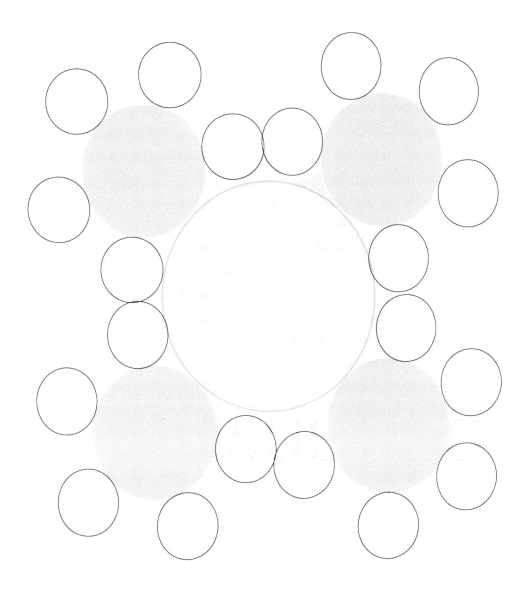

활동지 #1. 직장윤리 사례

어떤 유형의 조직에 근무하거나 자신의 사업체를 운영하든 윤리적 이슈들에 대해 판단을 내리거나 행동을 취해야 하는 상황은 결코 피할 수 없다. 그러나 현실에서는 안타깝게도 모든 윤리적 이슈들을 합리적으로 다룰 수 있는 명확한 규칙이나 조항들이 존재하지 않으며, 많은 경우에 옳고 그름을 스스로 판단할 수 밖에 없다. 자신이 내리는 판단은 '자기개념'뿐만 아니라 직장, 가정을 비롯한 모든 곳에서 자신에 대한 평판에 영향을 준다. 아래에 제시된 사례는 연습을 위하여 임의로 설정한 것이지만 실제 세상에서도 어렵지 않게 마주치는 상황이다. 사례에서 자신의 결정이 윤리적 행동인지에 대한 검토를 통하여 직장에서의 윤리에 대하여 이해할 수 있을 것이며, 사례에서 익힌 방식을 다른 모든 직업행동에 적용함으로써 직장윤리에 대하여 보다 명확한 인식을 가질 수 있을 것이다.

▧ 사례

당신은 직무수행 상의 필요로 인해 판공비(활동비, 법인카드)를 사용할 수 있는 권한을 갖고 있다. 당신이 사용할 수 있는 판공비는 출장에 따른 교통, 숙박, 식사 등의 비용뿐만 아니라 고객을 접대하기 위한 비용(식사, 간단한 선물, 고객의 교통비) 등등의 업무수행을 위한 비용으로 사용할 수 있다. 출장에서 회사로 복귀한 후 당신은 담당부서(회사)에 비용목록을 제출해야 하며, 현금으로 지불한 비용에 대해서도 정산을 요청할 수 있다.

토론주제 1. (3~4인 소집단 활동)
실제로 지출된 비용에 추가(끼워 넣거나 증액하기)하여 청구해야 하는 상황이 있다면 어떤 경우인지 예를 제시하시오. 또는 당신이 생각하기에 지출한 판공비에 비용을 추가(끼워 넣기)해야 할 상황의 예를 제시하시오.

토론주제 2. (3~4인 소집단 활동)
토론주제 1에서 제시된 각각의 사례에 대하여 활동지 #2(직장윤리검토 지침)를 적용하여 윤리적 행동인지에 대하여 논의하시오.

토론주제 3. (6~8인 중집단 활동)
3-1. 판공비(활동비)에 끼워 넣기를 하게 되는 이유에 대하여 각자 발표한다.
3-2. 윤리적 결정을 위하여 활동지 #2의 여섯 가지 항목을 적용하는 것에 대한 각자의 의견을 공유한다.
3-3. 직업이나 직무가 다른 경우에 활동지 #2(직장윤리검토지침)를 적용할 수 있는 지에 대하여 논의한다.
3-4. 활동지 #2의 지침이 적용될 수 있는 상황들의 예와 이 지침의 적용방식이나 가능성 등에 대하여 논의한 후, 조별 발표를 위하여 요약한다.

활동지 #2. 직장윤리검토지침

1. 합법적인가?

윤리적 입장이 법규와 상충되는 경우도 있지만 대개는 법규를 벗어나지 않는다. 당신의 행동이 합법적인지 아닌지 알고 있는가?

2. 다른 사람들에게도 공정/공평한가?

당신의 행동이 합법적일지라도 다른 사람들에게는 공정하지 않을 수도 있다. 직장에서의 당신의 행동이 다른 직원이나 회사에 대하여 공정한가? 다른 사람들에게 미치는 단기 및 장기 효과를 검토 하시오.

3. 다른 사람에게 상처를 주는가?

당신의 행동이 합법적이고 공정하더라도 다른 사람들을 존중하고 친절하게 대한 것인가? 비록 다른 사람들의 감정을 충분히 고려하였더라도 다른 사람들에게 불편하거나 부정적인 영향을 줄 수도 있다.

4. 영향을 받는 사람들에게 정직한가?

다른 사람들이 전반적인 진실을 모를 때는 문제가 감추어지므로 거짓이 합리화될 수도 있다. 그러나 거짓말이나 은폐는 어려운 상황을 회피하는 습관을 만들며, 결국 다른 사람들로부터 신임을 잃게 된다.

5. 자신의 행동에 대하여 자부심을 갖는가?

당신의 행동이 자신에 대하여 좋거나 나쁘게 느끼도록 하는가? 당신의 행동을 정당화하거나 감수할 수 있더라도 당신은 실제 무엇이 옳고 그른지 알 수 있을 것이다.

6. 차분히(또는 시간을 갖고) 생각하더라도 당신의 행동이 여전히 옳은가?

당신의 행동이 당신을 신뢰하는 사람들에게 알려진다면, 그들은 당신의 행동을 어떻게 생각할 것으로 예상하는가? 당신의 행동이 만일 세상에 알려진다면 사람들은 당신의 행동에 대하여 어떻게 느낄 것 같은가?

※ 여섯가지 항목에 대하여 다른 학습자들과 함께 논의합니다.

학습자들이 올바른 신념을 갖고 논의할 때 이 항목들은 윤리적인 결정과 행동으로 안내할 것입니다.

활동지 #1. 커리어 타임라인 (Career Timeline)

직업 / 교육(훈련)	연령	생애사건

본 Career Timeline은 _____가 작성하였음.

활동지 #2. 커리어 타임라인 분석(Career Timeline Analysis Grid)

작성자	커리어			교육/훈련		
	One Job (직업=커리어)	Multiple Jobs in One Career	Multi. Jobs & Multi. Career	직업과 관련된 교육 / 사람	일반적 및 간접적관련	진로(직업)와 특별한 관련 없음
1.						
2.						
3.						
4.						
5.						
6.						
7.						
8.						
9.						
10.						
11.						
12.						
13.						
14.						
15.						
16.						
17.						
18.						
19.						
20.						
합계						

활동지 #1(커리어 타임라인)의 예시

직업 / 교육(훈련)	연령	생애사건
고등학생	16~18	담임선생님의 모습에서 진로목표를 정함
대학생 (물리학)	19~22	영업/홍보 및 대인활동 등이 나의 장점이 아님
아르바이트	22	
동아리 활동(고전기타)	19~28	
석사학위 과정 (물리학)	21~22	교수자의 역할에 대한 재능 발견
TA (물리학)		진로에 대한 성찰
박사학위 과정 (물리학)	24~29	지도교수와의 갈등
외래교수자	27~29	
Lab. 리더	23~28	첫 아이 출생
결혼	28	분가
교수	29~37	학내 파벌싸움과 정치
경영컨설턴트 훈련	36~37	
창업(프리랜서)	37	퇴직 및 창업
사장 (커리어 전문가)	38~현재	사업부진, 업종전환, 가정경제 위기
커리어 개발 관련 교육	38~40	국내 전문가들과의 교류
CDF-I 훈련	43	해외 전문가들과의 교류
상담자, 선생, 전도사	47~현재	
선생(커리어)	57~65	
해외, 국내 봉사	65~	
완전한 은퇴	95	
여가 위주의 생활	95~	

본 Career Timeline은 김 웅 태 가 작성하였음.

활동지 #1. 레빈슨의 성인발달주기

성인초기 전환기 (17~22세)	가족들이나 친구들과의 관계에서 많은 변화가 있다. 보통 건강하며, 밤 늦도록 공부하거나 일을 할 수 있는 많은 에너지를 갖고 있다. 다른 성인들은 이들을 더 이상 어린아이가 아닌 성인으로 간주하기 시작한다.
성인초기 진입기 (22~30세)	최고 수준의 에너지와 높은 정신적 압박을 갖고 있다. '미래의 삶에 대한 꿈'을 갖게 된다. 결혼, 직업, 주거, 생활양식 등에 대한 첫 번째 결정을 내린다. 돈을 벌 수 있는 능력이 여전히 낮음에도 불구하고 구직, 재정적 의무나 부담, 결혼 등과 같은 잠재적인 스트레스를 갖고 있다. 종종 직업이나 가정생활에서의 발전에 도움이 되는 조력자(멘토)를 활용한다.
성인초기 종료기 (31~40세)	'초보 성인'에서 보다 발달된 '어른'으로 성장한다 이성교제, 성적 특질, 가정생활, 직업적 성취, 창조성, 삶의 핵심목적 달성 등과 같은 영역에서 커다란 성공을 거둘 잠재력을 갖고 있다. 30세는 육체적으로 최고 수준에 도달한 연령이자 감퇴가 시작되는 나이이며, 40세에 가까워 짐에 따라 능력의 한계점에 가까워지며 능력의 소실이 보이기 시작한다.
성인중기 진입기 (41~50세)	생물학적 능력은 성인초기에 비하여 떨어지나 활동적이고, 개인적으로 만족한 삶을 살 수 있으며, 사회적으로 인정받는 생활을 하기에 아직까지는 충분하다. 많은 사람들이 직업, 가정생활, 종교활동, 시민단체 등등과 같이 자신에게 특별한 세상에서 중요한 역할을 맡게 된다. 많은 사람들이 젊은 세대의 육성에 대한 책임을 갖게 된다. 40~45세 사이에 전환점이 있다: 개인적인 삶(직업, 가족, 부모역할 등등)의 방식에 대해 깊은 성찰을 촉진하는 계기나 전기를 맞게 된다.
성인중기 종료기 (51~60세)	생물학적 능력이 성인초기에 비해 낮으며 질병이나 사고 등이 여가활동, 건강 또는 직업활동 등을 변화시킬 수 있다. 중년초기(41~50세)와 유사하게 책임을 가질뿐더러 다른 사람들에 대한 책임도 갖게 된다. 인간관계에서의 사랑이나 친밀감에서 최고수준의 능력을 갖게 된다. 젊은 시절에 빠르게 성취를 이룬 사람들은 보다 통합적이고 막중한 일을 하게 된다. 성인초기의 사람들에게 조력자로서의 역할을 하게 된다.
성인 후기 (60~85세)	신체적으로 더욱 쇠약해진다. 자신의 가족 내에서 할아버지/할머니가 되며, 다음 세대들을 돕는 역할을 하게 된다. 은퇴나 일을 축소하는 과정을 통하여 젊은 세대에게 리더십을 보인다. 만일 자신의 권능에 대해 강한 집착을 갖는다면 지나치게 이상적이거나 괄시 받는 외로운 리더가 될 위험이 있다. 고령에도 불구하고 탁월한 일을 수행할 수 있는 능력이 있을 수 있다.

활동지 #1. 상담실습을 위한 8가지 질문

1-1. 직업과 관련한 진로를 결정할 때 당신의 어떠한 기질들(흥미, 기술, 가치, 선호환경 등등)이 적용되었는가?

1-2. 당신이 선택한 직업/직장과 당신 자신의 특성 사이에서 가장 잘 맞았던 기질들은 어떤 것들 이었는가?

1-3. 이러한 특성들이 당신의 발전 또는 커리어 개발 과정에서 변하였는가? 그렇다면 어떻게 변하였는가?

2-1. 당신이 경험한 커리어 개발 단계들에 대하여 말해보십시오.

2-2. 각각의 단계를 설명할 수 있는 별칭을 붙이거나 일련의 단계로 구분할 수 있는가?

2-3. 이러한 단계들을 한 번 이상 반복했었는가?

3-1. 노동시장요인, 경제적 상황, 성별 및 인종적 요인, 건강 등등과 같이 당신이 통제할 수 없음에도 불구하고 커리어 개발 과정에서 영향을 미치는 환경적 요인들이 당신의 과거 경험(커리어)에서 어떻게 작용하였는가?

3-2. 과거 당신은 어떠한 종류의 외부 장애요인과 부딪쳤으며, 이것들을 어떻게 극복하거나 다루었는가?

4-1. 당신의 커리어 개발 과정에서 다른 사람들은 어떠한 역할을 하였는가?

4-2. 그들은 당신에게 긍정적인 영향을 주었는가 아니면 부정적인 영향을 주었는가?

5-1. 당신의 커리어 결정과정에서 당신의 자기개념(self-concept, 자신에 대한 전반적인 자기 관점)은 어떠한 역할을 하였는가?

5-2. 당신 자신을 객관적으로 평가하였을 때, 자신과 밀접하게 관련된 특정 분야로의 진입은 당신의 결정이었는가?

6. 당신은 최고의 커리어 결정을 내리기 위한 방법이나 커리어 결정에 도움이 되는 학습이론 등에 대한 특정한 관점을 갖고 있는가?

7-1. 당신의 지나온 커리어를 회상해 본다면, 당신에게 영향을 주었을 영향들에 대하여 한층 더 깨달을 수 있는 것들이 있는가?

7-2. 지금은 명확하게 인식할 수 있는 미묘한 차이가 있는 영향이 있었는가?

8-1. 커리어 결정을 내리기 위하여 당신은 어떤 종류의 절충이나 타협을 하였는가?

8-2. 지금은 과거의 절충에 대하여 어떤 감정을 느끼는가?

활동지 #1. 사례개념화 양식

성명 :

일자 :   사례번호 :

선행 사례연구 또는 사례연구집에서 발췌한 사례와 진로역량모형(미국, 캐나다, 호주, 한국) 요약표를 활용하여 당신 자신이나 내담자에 관한 아래의 질문들에 대한 답변을 찾아 적습니다.

1. 현재 내담자가 갖고 있거나 호소하는 커리어 문제(들)이나 목표는 무엇입니까?
  - 자기이해(self-knowledge)

  - 교육적 및 직업적 탐색(educational and occupational exploration)

  - 진로계획수립(career planning)

2. 내담자와 함께 일할 때, 만일 필요하다면 어떤 다른 정보들이 도움이 될 것으로 생각하는가?

3. 내담자와 함께 어떻게 상담을 진행할 계획인가?

(예: 당신의 내담자에게 어떠한 상담목표가 적절한 것으로 생각되는가? 그리고 어떤 상담 전략이나 기법을 활용하는 것이 적절한 것으로 생각되는가?)

4. 내담자가 경험한 커리어 개발 과정을 가장 잘 설명해주는 이론(들)은 무엇인가?

활동지 #1. Life Span Matrix

생애단계	청소년기	성인초기	성인중기	성인후기
쇠퇴기				
유지기				
확립기				
탐색기				
성장기				

활동지 #1. 가치체계 규명을 위한 질문

1. 당신의 직업에서 가장 중요하게 생각하는 것(들)은 무엇인가요?
   당신이 중요하지 않거나 사소하게 여기는 것은 어떠한 것(들) 입니까?

2. 명성, 상, 명예 등과 같은 것들이 당신에게 의미가 있습니까?
   그러한 것들이 당신에게 의미가 있거나 또는 의미가 크지 않은 이유는 무엇입니까?

3. 당신의 직업 초기에 목표하였거나 그렸던 커리어 목표를 이루었습니까?
   당신의 목표나 꿈을 이루지 못할 가능성을 알게 되었을 때 어떻게 느꼈습니까?

4. 당신이 죽기 전에 더 이루기를 원하거나 이룰 필요가 있다고 생각하는 것이 있습니까?

5. 당신이 죽은 후 어떻게 기억될 지 염려하거나 생각하고 있습니까?
   만일 그렇다면 어떻게 기억되기를 원합니까?

6. 당신은 관료(요식)체계, 사소한 당리당략, 험담 등과 같은 허튼 소리들을 어떻게 감수하거나 이겨냅니까?
   왜 감수하고 있습니까?
   이러한 일들에 관한 당신의 철학은 무엇입니까?

활동지 #1. 직업의 특성

1. 아홉 가지 직업들에 대하여 우리사회에서 중요하게 생각하는 정도에 따라 순위를 정하시오.
2. 각각의 직업을 설명하는 형용사를 세 단어씩 적으시오.

               상점의 점원은...

___   (   ), (   ), (   )

               전기기술자는...

___   (   ), (   ), (   )

               주유소의 종업원은...

___   (   ), (   ), (   )

               자동차 정비사는...

___   (   ), (   ), (   )

               건물의 경비원은...

___   (   ), (   ), (   )

               변호사는...

___   (   ), (   ), (   )

               종업원 100명을 둔 중소기업사장은...

___   (   ), (   ), (   )

               내과의사는...

___   (   ), (   ), (   )

               경찰관은...

___   (   ), (   ), (   )

활동지 #1. Primary Life Tasks (점선은 예시)

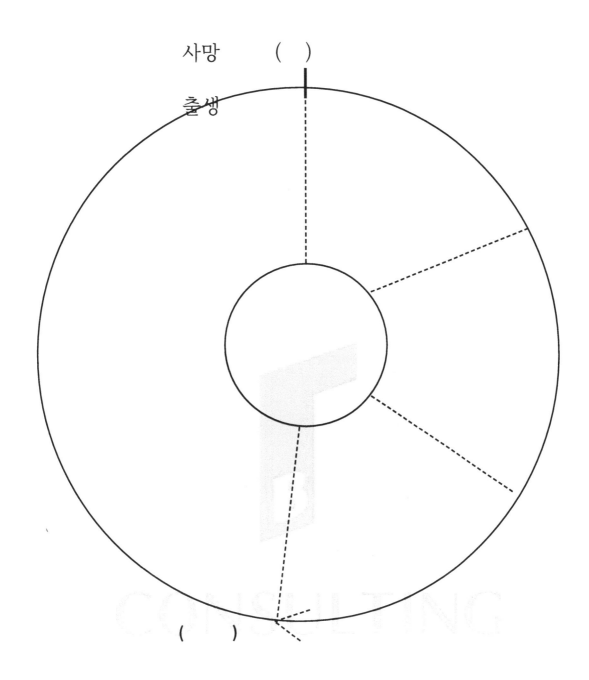

활동지 #1 성취질문

자신의 성취/성과를 파악하기 위한 질문입니다.

(1) 당신이 수행한 특별한 프로젝트나 과업은 무엇입니까?

(2) 당신은 학창시절(중학교, 고등학교, 대학교, 대학원)을 되돌아 볼때 자부심을 갖게 하는 것은 무엇입니까?

(3) 당신이 재직하고 있거나 근무했던 조직에서 조직을 위해 이루거나 행한 것은 무엇입니까?

(4) 당신이 가족이나 친구를 위해 한 일은 무엇입니까?

(5) 당신이 누군가를 가르쳤거나 도와준 것은 **무엇입니까?**

(6) 당신이 상을 받았거나 다른 사람으로부터 인정받은 것은 무엇입니까?

(7) 당신이 새로운 절차나 방법 또는 체계를 구축하거나 만든 것은 무엇입니까?

(8) 당신의 직무나 공동체에서 해결한 문제는 무엇입니까?

(9) 당신이 새롭게 배운 기술은 무엇입니까?

(10) 당신이 일을 쉽게 만들거나 보다 효율적으로 수행한 것은 무엇입니까?
 Key Point. "모든 사람들이 다 나와 같지는 않다" 최소 두 가지 이상의 성취를 찾아 냅니다.

- 직장에서 승진했다.
- 대학(원)에 진학했다 / 고등학교(대학교)를 졸업했다.
- 수학과목에서 'A'를 받았다.
- 친구가 문제를 해결하도록 도왔다.
- 외국어로 대화할 수 있다.
- 연극/연주회에서 한 파트를 맡았다.
- 동호회에서 가르치는/보호하는/안내하는 역할을 맡았다.
- 새로운 도시로 이사했다.
- 방을 혼자서 수리/리모델링 했다.
- 중요한 행사나 모임을 만들었다/개최했다.
- 어린 아이/노인을 돌보았다.
- 가구/설비/기기를 조립/수립 하였다.
- 컴퓨터 사용방법을 가르쳐주었다.
- 위원회에서 활동했다.
- 지역 공동체에서 봉사했다.
- 위급상황에서 도움을 주었다.

활동지 #2. 성취활동지

Part I. 내가 이룬 것들 (나는 무엇을 이루었는가?)

_____

_____

Part II. 내가 성취한 것으로 인해 어떤 결과가 발생하였는가? (그로 인한 결과는?)

_____

_____

Part III. 내가 보유한 기술들 (나는 그것을 어떻게 이루었는가?)

_____

_____

....

Part I. 내가 이룬 것들 (나는 무엇을 이루었는가?)

_____

_____

Part II. 내가 성취한 것으로 인해 어떤 결과가 발생하였는가? (그로 인한 결과는?)

_____

_____

Part III. 내가 보유한 기술들 (나는 그것을 어떻게 이루었는가?)

_____

_____

활동지 #1. 직업지위에 따른 서열 정하기

이 연습은 직업지위에 대한 당신의 인식을 이해하도록 돕기 위한 것입니다. 이 연습을 위하여 15가지 예시 직업에 대한 서열을 정합니다(자신의 흥미, 적성 등이 아니라 어떤 직업이 상대적으로 더 좋거나 괜찮은 직업인지의 관점에서 연습합니다).

직업	서열	직업	서열
1. 배우		9. 간호사	
2. 프로운동선수		10. 의사	
3. 변호사		11. 경찰관	
4. 출납원/계산원		12. 심리상담사	
5. 전기공		13. 주식중개인	
6. 기계기술자		14. 교사	
7. 경비원/수위		15. 웹 디자이너	
8. 우편배달원			

자신의 인식과 가치체계에 따라 예시한 직업들의 서열(직업지 위)를 결정하였습니다. 이 과정에서 무엇이 자신에게 가장 큰 영향을 주었는지 아래 예문 가운데 선택하십시오.

(1) 나의 부모와 가족으로부터 배운 가치와 신념들
(2) 내가 속한 문화로부터 배운 가치와 신념들
(3) 내가 학교에서 배운 가치와 신념들
(4) 내가 살고 있는 지역사회로부터 배운 가치와 신념들
(5) 기타:

활동지 #1. 나의 성취와 열정

자신의 삶에서 이룬 성취와 갖고 있는 열정으로부터 자신의 가치를 파악할 수 있습니다. 이 연습을 통하여 자신에 대한 이해와 어떤 직업이 자신의 삶을 충만하게 할 지 이해할 수 있습니다. 직업생활을 하는 동안 자신의 성취와 기술들 그리고 가치와 열정을 지속적으로 점검하는 것은 자신의 성장과 발전을 위한 좋은 밑거름이 됩니다.

1. 자신이 가장 자부심을 갖고 있는 세 가지 성취목록을 아래와 같이 작성합니다. 성취는 자신이 완결지은 활동이나 목표를 의미합니다.

1) 첫 번째 성취

  - 이 성취에 대해 자부심을 갖는 이유는 무엇입니까?

  - 이 성취를 이루기 위해 스스로 무엇을 어떻게 하였습니까? (수행한 과정들과 절차)

  - 이 성취를 이루는 환경/여건/상황에 대하여 **적습니다.**

2) 두 번째 성취

- 이 성취에 대해 자부심을 갖는 이유는 무엇입니까?

- 이 성취를 이루기 위해 스스로 무엇을 어떻게 하였습니까? (수행한 과정들과 절차)

- 이 성취를 이루는 환경/여건/상황에 대하여 적습니다.

3) 세 번째 성취

- 이 성취에 대해 자부심을 갖는 이유는 무엇입니까?

- 이 성취를 이루기 위해 스스로 무엇을 어떻게 하였습니까? (수행한 과정들과 절차)

- 이 성취를 이루는 환경/여건/상황에 대하여 적습니다.

2. 자신의 열정 두 가지를 아래와 같이 작성합니다. 열정은 자신을 몰입하게 하는 사물, 동기, 활동 등등을 의미합니다.

1) 첫 번째 열정
- 이 열정이 자신에게 중요한 이유를 적습니다.

- 이 열정을 위하여 무엇을 하거나 혹은 시간을 어떻게 활용하겠습니까?

2) 두 번째 열정
- 이 열정이 자신에게 중요한 이유를 적습니다.

- 이 열정을 위하여 앞으로 무엇을 하거나 혹은 시간을 어떻게 활용하겠습니까?

3. 소집단 활동에서 자신의 성취 가운데 한 가지를 설명합니다. 다른 학습자들은 주의 깊게 발표내용을 들은 후 발표자가 말하는 성취에 어떤 가치들이 반영되었는지 혹은 영향을 주었는지 생각한 내용을 말하여 줍니다.

4. 발표자는 다른 사람들의 의견을 들은 후, 자신의 성취에 어떤 가치들이 영향을 주었는지 결정하여 그 가치들을 활동지 #2(가치영역)에 자신의 방식으로 기록합니다.

5. 모든 학습자가 3항과 4항의 활동을 마치면, 다시 나머지 성취와 열정들에 대하여 반복하여 진행합니다.

6. 소집단 활동을 마친 후, 모든 학습자들은 개별적으로 활동지 #3(가치격자)을 활용하여 자신의 가치체계를 파악합니다.

활동지 #2. 가치영역: 가치란 무엇인가?

※ 해당되는 내용에 체크(√) 표시를 합니다.

가치 목록	나는 이 가치에 대해 자부심을 갖는다	이것은 다른 사람이 아닌 나의 것이다	나는 이 가치를 토대로 의사결정을 한다	나의 행동은 이 가치에 의해 좌우된다	다른 사람들이 어떻게 생각하든 나에게는 이 가치가 중요하다	이것은 나의 생활 방식이다

활동지 #3. 가치격자: 가치체계

※ 해당되는 내용에 체크(√) 표시를 합니다.

가치 목록	성취			열정		합계
	1	2	3	A	B	

※ 해당되는 내용에 체크(√) 표시를 합니다.

활동지 #1. 활동안내문

일의 세계에서 커리어 개발과 성취를 이루는 가장 중요한 과정이자 연습임에도 불구하고 대부분의 사람들이 거의 행하지 않는 것이 있다. 이 연습은 자신의 삶에서의 비전, 중요한 가치들, 그리고 사명에 대하여 아는 것이다.

왜 그럴까?

이는 자신의 비전, 중요하게 생각하는 가치들, 그리고 사명에 대하여 알거나 깨닫게 됨으로써 삶에서 성공으로 이끌어주는 강력한 토대를 구축할 수 있기 때문이다.
누구나 자신의 삶의 목적을 자각하거나 깨닫게 되면 심리적 압박을 극복하고 보다 즐거운 삶을 살기에 수월해진다.

자신의 비전을 달성할 계획을 수립하는 것은 이러한 자기지식(self-knowledge)의 토대로부터 시작된다. 자신의 사명에 대하여 아는 것은 보다 효과적인 삶을 가능하게 하며, 보다 전문적이며 능력을 갖게 한다. 비전, 가치 그리고 사명 등은 힘과 에너지를 제공하며 **자신의 목표와 꿈**에 집중하게 해준다.

이것들은 자신의 삶을 원하는 방식대로 나아가지 **못하는** 경우에도 방황하거나 길을 잃지 않도록 해준다.

활동지 #2. 사명, 비전, 가치 발견하기

현재의 당신을 만든 것이 무엇이며, 당신이 하는 일이나 행동을 왜 하고 있는지 생각해보십시오. 당신이 중요하게 혹은 가치 있게 생각하는 것들은 무엇입니까? 당신이 남기고 싶은 유산은 무엇입니까?

당신의 비전, 가치, 그리고 사명 등을 정의하거나 발견하는 것이 왜 중요할까요? 이것들은 당신의 목표를 달성하기 위한 에너지를 제공해주며 집중할 수 있도록 해줍니다. 이것들은 또한 당신의 일이나 과업들이 뜻대로 진행되지 않거나 어려움에 처했을 때 길을 잃지 않도록 당신을 보호해줍니다. 당신의 비전, 소중한 가치들, 그리고 사명 등은 당신의 삶에서 등대 역할을 해줍니다.

Section 1. 당신의 비전을 발견하십시오.

비전은 당신이 간절히 기대하거나 열망하는 '존재'를 표현하며, 비전은 3~5년 내의 가까운 장래에 대한 당신의 꿈을 나타내는 글입니다. 당신에게 영감을 주는 비전을 작성해보십시오.

※ 비전 체크리스트
  a. 당신의 비전은 명확하며 확고합니까?
  b. 당신의 비전은 당신을 고무시키거나 당신에게 영감을 줍니까?
  c. 당신의 비전은 충분히 도전적인 것입니까?
  d. 당신의 비전은 미래에 초점을 두고 있습니까?

Section 2. 당신의 삶을 이끄는 가치들을 발견하십시오.

당신이 소중하게 여기는 가치들은 당신의 행위와 행동을 이끌어주거나 안내하는 기본원칙들 입니다. 여기에는 노력, 인내, 우정, 다른 사람을 돕기, 부를 축적하기 등등의 다양한 가치들이 포함될 수 있습니다. 당신의 삶을 이끌어주는 가치들, 즉 삶의 핵심가치들은 당신이 비전을 달성하도록 동기를 강화하고 안내해줍니다. 삶의 핵심가치들을 발견하는 것이 중요한 이유는 비전의 달성을 자극하며 초점을 잃지 않도록 해주기 때문입니다.

당신의 삶에서 확고하게 믿는 5~7가지의 가치들을 적어 보십시오.

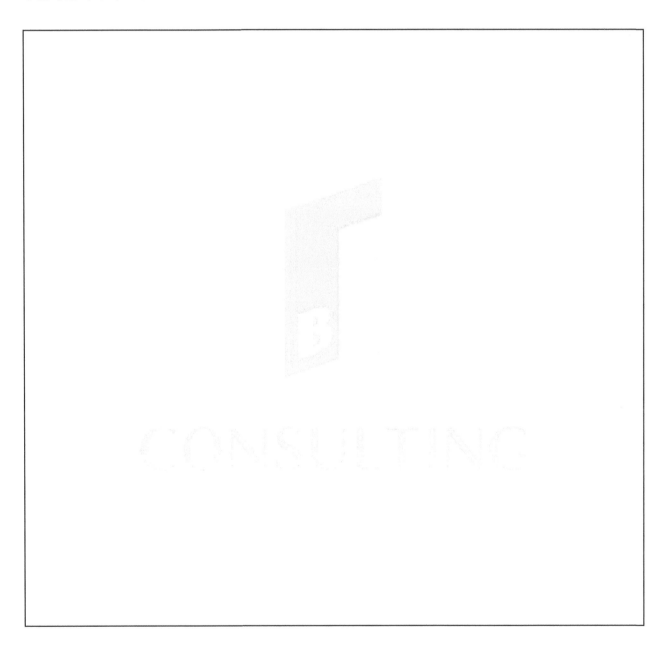

※ 가치 체크리스트
  a. 가치들은 모두 당신의 삶에서 중요하게 생각하는 것들입니까?
  b. 가치들이 당신과 당신의 삶에서 명확합니까?
  c. 가치들이 당신이 비전을 달성하도록 안내하거나 힘을 더해줍니까?

Section 3. 당신의 사명을 발견하십시오.

사명은 당신의 삶이 의미 있도록 만들어주는 것입니다. 당신 삶의 핵심가치들을 고려하여 당신의 사명을 작성해보십시오. 당신의 사명이 당신의 비전달성과 같은 방향성을 갖도록 작성합니다.

나의 삶에서 내가 갖고 있는 사명은,

※ 사명 체크리스트

    a. 당신의 비전을 달성하도록 영감을 줍니까?

    b. 당신이 기꺼이 그리고 즐겁게 행하는 것입니까?

    c. 사명을 행함으로써 자부심을 느낍니까?

활동지 1. 직업정보요약서

직업정보요약서를 작성하기 위한 각 항목의 의미는 다음과 같음.

(1) 필요한 교육/훈련 수준: 이 직업/직무로 진입하기 위해 요구되는 교육과 훈련 수준 및 자격(증)수준
(2) 직업전망: 직업/직무의 수요, 지속 가능성 등의 전망
(3) 잠재적 위험: 위험한 도구의 사용이나 작업환경, 빈번한 출장 등과 같이 잠재적으로 심신의 건강을 해칠 가능성이 있는 직업환경
(4) 임금수준: 각 직업/직무의 전국 및 지역 임금 현황, 규모와 업종에 따른 차이, 고용관계에 따른 임금차이 등
(5) 직무가치: 각 직업/직무의 상대적 가치 – 핵심직무여부를 1~10점으로 평가하여 순위를 정하면 편리함.
(6) 역량개발: 해당 직업/직무와 관련하여 훈련을 위해 투자하는 수준 – 일반적인 업종 혹은 특정 회사를 기준으로 정함.

	1	2	3	4	5	6
직업/직무						
교육/훈련 수준						
직업전망						
잠재적 위험						
임금수준						
직무가치						
역량개발						

활동지 1. 네 가지 유형의 커리어 변화와 대처방안

높음	V / NA	V / A
자발성	NV / NA	NV / A
낮음		

낮음　　　　　　　　　　　변화에 대한 예상　　　　　　　　　　　높음

커리어 전환을 위한 대처 방안

	전환 전에 예상되는 사건들	구체적인 방안	전환 후 예상되는 결과
1			
2			
3			

활동지 2. 진로정보자원(도서) 목록: 생략

활동지 3. 인맥관리 및 정보면접을 위한 매뉴얼과 활용양식: 생략

활동지 4. 목표설정 양식 (IAP): 생략

활동지 #1. 진로정보탐색양식

1. 인터넷에서 직업전망서(직업전망서, 미래직업전망 등등)를 찾아내어 관심 있는 직업 한 가지를 선택한 후,
   다음의 내용을 작성합니다.
   (1) 직업명칭:

   (2) 이 직업에서 성공하기 위해 필요한 교육과 학위:

   (3) 이 직업에서 받을 수 있는 연봉의 범위:

2. 직업사전이나 워크넷을 활용하여 아래의 두 직업군에 속하는 직업들을 두 가지씩 찾아 작성합니다.
   (1) 생물학 :
   (2) 경영학 :

3. 비영리조직에서 가질 수 있는 직업을 세 가지 이상 찾아 작성합니다.
   (1)   (2)   (3)

4. 급여(임금)정보를 알 수 있는 인터넷 사이트에 접속하여 아래 세 가지 직업의 평균연봉을 찾아 작성합니다
   (각 직업의 직무와 직급 등을 모두 고려한 **평균연봉**).
   (1) 마케터   :
   (2) 중, 고등학교 교사 :
   (3) 컴퓨터 공학자   :

5. 의료분야의 직업 가운데 '체외순환사(Perfusionist)'가 하는 일에 대하여 적습니다.

6. '말하기' 기술을 발휘하여 가질 수 있는 직업을 다섯 가지 이상 찾아내어 작성합니다.
   (1)   (2)
   (3)   (4)
   (5)

7. 대학알리미 사이트 또는 커리어넷에 접속하여 인문학 전공자를 위한 장학금이나 학비지원제도를 찾아 작성합니다.

8. 자신의 전공(또는 희망하는 전공)에서 가능한 인턴십 목록을 작성합니다.
   (1)   (2)
   (3)   (4)

9. 정보기술컨설턴트가 되기 위하여 갖추어야 할 기술 목록을 찾아 작성합니다.

10. 아래 각각의 질문에 대한 답변을 작성합니다.
    (1) 대학에서 전공 선택 시 유용하게 활용할 수 있는 세 가지 인터넷 사이트

사이트 명(주소)	이 사이트의 유용한 점

(2) 자신에게 가장 적합하다고 생각되는 전공 두 가지, 각각의 전공을 이수한 후 가질 수 있는 다섯 가지씩의 직업명칭, 각각의 직업을 제공하는 세 가지 이상의 잠재적인 구인기업(취업처) 등을 다음 쪽의 표에 작성합니다.

전공	가능한 직업	잠재적인 구인기업(취업처 및 자영업종)
1.	(1)	
	(2)	
	(3)	
	(4)	
	(5)	
2.	(1)	
	(2)	
	(3)	
	(4)	
	(5)	

11. 지금까지 작성한 내용을 토대로 자신이 가장 희망하는 직업명을 작성합니다.

(1) 직업명:

(2) 위 직업에 대한 직무내용, 급여의 범위, 필요한 기술과 자격 및 학위 등을 작성합니다. 작성할 때 a. 승진가능성 b. 지역제한이나 요구 c. 회사의 역사 d. 성별/출신지역/학력/기타 등에 따른 불이익이나 차별 등을 고려합니다.

직무내용	
급여의 범위	
필요한 기술, 자격, 학위	
기타	

활동지 #2. 활동 검토 양식

1. 연습을 통하여 찾은 진로정보는 자신에게 필요하다고 생각되는 것들인가?

2. 자신이 관심을 갖고 있는 직업이나 전공과 관련하여 어떤 정보들을 찾아내었으며, 그 내용은 무엇인가?

3. 자신이 찾은 정보 외에 어떤 정보들이 추가될 **필요**가 있는가?

4. 이 활동을 마친 후 해야 할 활동은 무엇인가?

활동지 #1. 자신의 노동시장가치 파악하기

프로운동선수나 대기업의 임원들은 자신의 경험과 보유기술을 적극적으로 문서화한다. 이들은 노동시장에서 자신의 가치를 알고 있으며 이를 구체적인 문서로 제시함으로써 노동시장에서 자신의 가치를 명확하게 드러내며 연봉과 보상 협상에서 유리한 입장을 차지하려고 노력한다.

반면 대다수의 구직자와 근로자는 가능한 높은 임금을 기대하지만 여전히 노동시장에서의 자신의 가치를 구체적으로 제시하는데 어려움을 겪고 있다. 이 연습은 학습자들이 자신의 노동시장가치를 파악하고 이를 문서로 작성할 수 있도록 돕기 위한 것이다.

✽ 활동방법

1. 학습자들은 개별적으로 아래의 다섯 가지 질문에 대하여 가능한 솔직하게 답변을 작성합니다.

2. 개인작업을 마친 후 소집단에서 자신이 작성한 내용을 다른 사람들과 공유합니다.
   이때 자신이 작성한 내용이 지나치게 민감하거나 공유하고 싶지 않다면 반드시 공개할 필요는 없으며, 다른 사람들과 공유함으로써 자신에게 도움이 된다고 생각하는 내용들을 선정하여 다른 사람들과 공유합니다.

질문1. 자신이 보유한 기술들 가운데 상당한 경쟁력이 있다고 생각되는 다섯 가지 기술의 목록을 작성합니다. (예: 컴퓨터활용기술, 외국어, 도구나 기계를 다루는 능력, 의사소통능력 등등)

a.   b.   c.

d.   e.

질문2. 취업, 승진, 직업유지 등에 장애가 될 수 있다고 생각하는 자신의 다섯 가지 요소나 특성을 작성하고, 각각의 요인들이 취업 및 고용에서 긍정적으로 여겨질 수 있는 방안을 작성합니다.

a.   :

b.   :

c.   :

d.   :

e.   :

질문3. 자신이 승진하거나 해고되지 않도록 도움이 되는 다섯 가지 요소들과 그 이유를 작성합니다.

    a.   :

    b.   :

    c.   :

    d.   :

    e.   :

질문 4. 임금협상에서 논의하거나 적극적으로 주장할 수 있는 다섯 가지 요소나 보유기술들을 작성합니다.
    (예: 현재까지의 급여 이력, 특정 직무에 대한 동종업계의 임금, 자격증 등등)

    a.   :

    b.   :

    c.   :

    d.   :

    e.   :

질문 5. 자신이 이룬 성취를 증명하거나 이것들의 가치를 제시할 수 있는 방법의 예를 작성합니다. (예: 수상
    경력, 특별한 훈련 경험 등등)

활동지 # 1. Career Counseling Activities

1	단계. 신뢰형성
2	단계. 내담자의 염려(호소문제) 파악
3	단계. 상담목표의 정의(수립)
4	단계. 내담자 자신과 일의 세계에 대한 내담자의 이해 평가
5	단계. 추가정보의 필요성 파악
6	단계. 자기이해(자신에 대한 정보를 파악)를 위한 방법의 설명/소개
7	단계. 자기탐색과정에 대한 내담자의 감정에 대한 논의
8	단계. 내담자 자신에 대한 정보수집에 도움이 되는 진단도구의 선정
9	단계. 심리검사의 실시와 도구의 선정에 대한 상호합의
10	단계. 진단의 실시
11	단계. 해석을 위한 검사결과의 사전검토
12	단계. 검사결과의 해석과 논의; 내담자와 함께 가설을 수립한다
13	단계. 수립한 가설의 평가 및 이전에 수집된 자료와 새로운 정보들의 통합
14	단계. 내담자의 자기지식과 일의 세계에 대한 조사결과 통합을 위한 전략 수립

활동지 # 2. Career Counseling Sequence Grid (학습자 배포용)

1 단계. 신뢰형성

2 단계. 내담자의 염려(호소문제) 파악

3 단계. 상담목표의 정의(수립)

4 단계. 내담자 자신과 일의 세계에 대한 내담자의 이해 평가

5 단계. 추가정보의 필요성 파악

6 단계. 자기이해(자신에 대한 정보를 파악)를 위한 방법의 설명/소개

7 단계. 자기탐색과정에 대한 내담자의 감정에 대한 논의

8 단계. 내담자 자신에 대한 정보수집에 도움이 되는 진단도구의 선정

9 단계. 심리검사의 실시와 도구의 선정에 대한 상호합의

10 단계. 진단의 실시

11 단계. 해석을 위한 검사결과의 사전검토

12 단계. 검사결과의 해석과 논의; 내담자와 함께 가설을 수립한다

13단계. 수립한 가설의 평가 및 이전에 수집된 자료와 새로운 정보들의 통합

14 단계. 내담자의 자기지식과 일의 세계에 대한 조사결과 통합을 위한 전략 수립

출처: Hansen, J. C. (1984). User's guide for the strong. Palo Alto, CA: Consulting Psychologists

활동지 #1. 커리어 강좌 프로그램계획서 (5일)

1. 프로그램 명칭:

2. 프로그램의 목적:

3. 프로그램의 배경 혹은 계획의 근거:

4. 대상집단:

5. 총 진행시간: 5일 (   )시간

6. 장소, 실시일자와 시간:

7. 프로그램 목표:

8. 프로그램 계획에 대한 평가:

9. 참고자료 및 자료출처:

프로그램 계획서 (   )일차 상세내용

1. 주요활동:

2. 학습목표:

3. 수행절차:

4. 자원과 설비:

5. 평가

활동지 #2. 강의평가서

발표자:

발표주제:

평 가 내 용	매우 미흡	다소 미흡	보통	우수	매우 우수
1. 목적과 목표의 명확성	2	4	6	8	10
2. 활동(activity)과 대상집단과의 적합성	2	4	6	8	10
3. 프로그램의 구성과 진행순서 및 내용	3	6	9	12	15
4. 발표를 위한 준비	1	2	3	4	5
5. 커리어 주제 범위와의 부합	3	6	9	12	15
6. 발표기술-자신감, 몰입, 열정	3	6	9	12	15
7. 배포자료(프로그램계획서, 참고자료)의 완성도	2	4	6	8	10
8. 미디어, 활동양식, 등등	1	2	3	4	5
9. 전반적인 발표능력	3	6	9	12	15
				점 수	

코멘트:

평가자		평가일	

활동지 #1 진로의사결정요인

(1) 지난 3년을 돌아보아 자신에게 중요했던 세 가지 진로결정 경험을 작성합니다. 이 목록의 예로는 취업, 진학, 전직, 편입, 전과, 재입학, 퇴사, 창업, 타 도시로의 이사 등등과 같은 결정이 포함될 수 있습니다.

(2) 세 가지 진로결정을 내릴 각각의 시점에서 중요하게 고려했었던 여덟 가지 요인들을 중요도에 따라 순위를 정합니다.

(3) 요인들의 중요도(고려 정도, 영향력) 순위를 정할 때 첫 번째에서 여덟 번째까지 순위를 정하며, 순위가 중복되지 않도록 합니다.

♠ **나의 세 가지 중요한 진로결정**

#1.

#2.

#3.

♠ 세 가지 진로결정시 고려하였거나 **영향을 준 여덟** 가지 요인들과 순위

#1	#2	#3	
——	——	——	성 역할 적합성: 나의 성별과 부합되거나 부합되지 않음
——	——	——	능력: 학위, 교육/훈련 성과, 다른 사람들의 평가, 보유기술
——	——	——	관심/흥미: 전공이나 직무와 관련된 자신의 관심이나 관련 주제
——	——	——	직업심리검사: 가치관, 흥미, 적성, 성격 등의 심리검사 결과
——	——	——	경제적 자원: 교육/훈련 비용, 취업 가능성, 연봉, 경제적 요인들
——	——	——	문화 요인: 인종/민족, 출신국가, 지역(고향), 문화적 정체성
——	——	——	개인 요인: 자신감, 위험감수 성향, 동기 등등
——	——	——	가족 역할: 가족의 요구/필요 – 부모, 자식, 배우자, 파트너

※ 여덟 가지 요인들 가운데 대신할 수 있는 독립된 요인이 있는 경우에는 목록을 다시 만들 수 있으나, 기존의 요인들과 중복되지 않아야 하며 총 요인의 수는 8가지를 넘을 수 없음. 또한 새로운 목록은 세 가지 의사결정에 대하여 동일하게 적용되어야 함.

활동지 #1. 직업가치진단 (Work and Worth Inventory)

※ 각각의 질문에 대하여 자신의 생각을 가능한 많이 적습니다.

Part I.

(1) 유급이든 무급이든 당신이 의미나 가치 있다고 생각하는 일은 어떤 것들 입니까?

(2) 당신은 일(work)에서 어떤 성과나 결과를 만들었을 때 자신에 대하여 만족스럽거나 좋은 감정을 갖습니까?

(3) 동호회나 지역사회 모임 등을 긍정적으로 **변화시키기** 위해 당신은 어떤 방법으로 돕습니까?

(4) 당신이 돕거나 멘토링을 제공한 사람들은 어떤 사람들이며, 그들에게 어떤(어떻게) 기여를 하였습니까?

(5) 당신의 직업 외에 어떤 활동이나 기여가 당신을 만족스럽게 합니까?

(6) 당신이 은퇴하였을 때 무엇을 잃게 될 것으로 생각합니까?

Part II.

(1) 은퇴 후 잃게 될 것들을 대체하기 위한 당신의 계획은 무엇입니까?

(2) 은퇴 후 당신이 기여할 수 있는 새로운 방법이나 계획은 무엇입니까? 특별한 활동이나 기여할 수 있는 방법을 찾아봅니다.

(3) 당신이 새로운 영역이나 새로운 방법으로 다른 사람을 도울 수 있는 방안은 무엇입니까?

(4) 당신이 다음 세대에게 전수하거나 넘겨주고 싶은 목표나 꿈은 무엇입니까?

활동지 #1. 커리어 서비스 공급자에 대한 이해와 평가를 위한 안내

자신이 관심을 두고 있거나 친숙한 커리어 서비스 공급자(조직)에 대한 상세한 내용과 평가서를 작성하여 제출합니다.

보고서는 A4 용지 10~20매 분량, 맑은고딕체(11pt), 1줄 간격 등의 형식을 지켜 작성하며 아래의 내용을 반드시 포함해야 합니다.

1. 공급자 소개와 전반적인 서비스 개요

(1) 일반적인 커리어 서비스 연혁과 현재 제공(운영)하는 커리어 서비스(센터)의 연혁

(2) 전반적인 조직유형(학교, 사기업, 정부 등등)

(3) 이용자(고객)의 유형: 현재의 커리어 서비스를 중심으로 작성(예: OO시에 소재한 OO대학교의 1~4학년 재학생)

(4) 서비스 조직의 연락처(주소, 전화/팩스 번호, 전자우편주소, 홈페이지 주소, 책임자의 성명과 직급, 인터뷰에 응해준 **직원의 직책/성명/연락처**)

2. 서비스 운영

(1) 서비스 흐름도와 전달체계(고객의 입장에서 작성한다)

(2) 현재의 커리어 서비스 운영을 위해 투입되는 인적자원

   a. 조직도(직책, 인원)

   b. 조직에서 커리어 서비스를 적합하게 제공하기 위한 정책, 방안, 지침 및 발전계획

3. 진로정보자원

(1) 현재 활용하고 있는 진로정보자원 현황: 유형, 구체적인 내용

(2) 현재의 진로정보자원들을 활용하는 이유나 근거

(3) 컴퓨터기반커리어지원체계의 활용 내용과 방법 및 한계

(4) 동일한 목적으로 활용하는 복수의 진로정보자원이 있다면 우선순위와 그 이유

(5) 이용비용

(6) 커리어 센터의 평면 배치도

4. 요약

(1) 커리어 서비스 공급자의 효과성에 대한 조사자의 평가를 포함한 요약서: 접근성, 마케팅, 자원들의 적절성, 진로정보자원의 양과 질, 이용자 통계, 전반적인 인상

   ※ 조사와 평가 과정에서 명확성, 완결성, 사실과 형식의 정확성, 커리어정보유형의 정확성 등에 세심한 주의를 기울여 평가합니다.)